LOCOS DE AMOR

Para: mi hija Brenda, con mucho
amor, para q' lo leas y tengas en cuenta
los consejos q' hay para tu vida, muy
importantes. El Señor te bendiga y te
y mi vida   guarde siempre.
Te amo mucho. tu mamá
          Martha Cecilia Parra Macías

7·4/2022

LOCOS

de

AMOR

USA TU CABEZA EN ASUNTOS DEL CORAZÓN

DR. JAMES DOBSON

Publicado por
Unilit
Miami, FL 33172

Locos de amor: Usa tu cabeza en asuntos del corazón
© 2013 Unilit (Spanish translation)
Primera edición 2013 (Serie Bolsillo)

© 1989, 2011 por Regal Books.
Este libro se extractó de *Emotions, Can You Trust Them?*
por el Dr. James Dobson.
Originalmente publicado en inglés con el título:
Head over Heels: how to fall in love and land on your feet.
Publicado por Regal Books, una división de
Gospel Light Publications, Inc.
Ventura, CA 93006 U.S.A.
www.regalbooks.com
Todos los derechos reservados.

Traducción: *Nancy Pineda*
Fotografía de la cubierta: © 2012 Yuri Arcurs. *Usada con permiso de Shutterstock. com.*
Fotografías del interior: © 2012 Yuri Arcurs, Bikeriderlondon, wrangler, Bedov, karelnoppe, GekaSkr, George Dolgikh. *Usadas con permiso de Shutterstock.com.*

A menos que se indique lo contrario, el texto bíblico ha sido tomado de la Santa
Biblia, *Nueva Versión Internacional* "NVI". Propiedad literaria © 1999 por Biblica,
Inc. ™. Usado con permiso. Reservados todos los derechos mundialmente.
Las citas bíblicas señaladas con LBLA se tomaron de la Santa Biblia, *La Biblia de
Las Américas*. © 1986 por The Lockman Foundation.
El texto bíblico señalado con RVC ha sido tomado de la Versión Reina Valera
Contemporánea™ © Sociedades Bíblicas Unidas, 2009, 2011. Antigua versión
de Casiodoro de Reina (1569), revisada por Cipriano de Valera (1602). Otras
revisiones: 1862, 1909, 1960 y 1995. Utilizada con permiso.

Producto: 499145 • ISBN: 0-7899-2026-3 • ISBN: 978-0-7899-2026-3

Impreso en Colombia
Printed in Colombia

Categoría: Vida cristiana/Relaciones/Amor y matrimonio
Category: Christian Living/Relationships/Love & Marriage

Este libro está dedicado con cariño a mi esposa, Shirley, de quien estoy «loco de amor» hace más de cincuenta años. He disfrutado los momentos más estupendos de mi vida con esta excelente dama, y le doy gracias a Dios por traerla a mi vida.

Contenido

Introducción 9

El significado del amor romántico 15

Las creencias acerca del amor 25

El compromiso para toda la vida 59

Conclusión 67

Una posdata personal 79

Ideas de discusión para el aprendizaje 93

Acerca del Autor 119

Introducción

Estás a punto de leer un libro acerca de una de las más fuertes y más incomprendidas de todas las emociones humanas: el amor romántico. El tema de las emociones humanas siempre me recuerda una historia que me contó mi madre acerca del instituto al que asistió en 1930. Estaba localizado en un pequeño pueblo de Oklahoma que generó una serie de equipos de fútbol pésimos. No ganaron ni un juego en años. Con razón, los estudiantes y sus padres estaban desalentados por las severas derrotas de su equipo todos los viernes por la noche. Debe haber sido horrible.

Al final, un rico productor de petróleo decidió tomar el asunto en sus propias manos. Pidió hablarle al equipo en el vestuario después de una derrota aun más devastadora. Lo que siguió fue uno de los más dramáticos discursos de fútbol en la historia de la escuela. Este empresario procedió a ofrecerle un flamante Ford a cada muchacho del equipo, y a cada entrenador, si solo derrotaban a su más acérrimo rival en el próximo juego. El gran entrenador de *Notre Dame*, Knute Rockne, no podría haberlo dicho mejor.

El equipo gritaba y aplaudía, y se daban palmadas en las espaldas los unos a los otros. Por las noches soñaban con las anotaciones y los estruendos en las gradas. Toda la escuela se contagió con el espíritu de éxtasis y una fiebre de celebración se extendía por el campus. Cada jugador podía visualizarse detrás del volante de un impecable auto, con ocho muchachas bellísimas que colgaban de su cuerpo adolescente.

*Siete días de gritos de júbilo no pudieron
compensar en los jugadores la falta de
disciplina, el talento, el acondicionamiento,
la práctica, el entrenamiento, el ejercicio,
la experiencia ni el carácter. Tal es la
naturaleza de las emociones humanas.
Pueden ser poco confiables, efímeras y hasta
algo insensatas.*

Por fin, llegó la gran noche y el equipo se reunió en el vestuario. El entusiasmo estaba en un nivel sin precedentes. El entrenador realizó su gran discurso y los muchachos salieron corriendo a enfrentar al enemigo. Se agruparon en las líneas de banda, juntaron sus manos y gritaron a la vez «¡Hurra!». Luego, corrieron hacia el campo y los abatieron con un marcador de 38 a 0.

La euforia del equipo no representó ni un solo punto en el marcador. En realidad, siete días de gritos de júbilo no pudieron compensar en los jugadores la falta de disciplina, el talento, el acondicionamiento, la práctica, el entrenamiento, el ejercicio, la experiencia ni el carácter.

Tal es la naturaleza de las emociones humanas. Pueden ser poco confiables, efímeras y hasta algo insensatas. La falta de comprensión de cómo funcionan pueden dar lugar a muchos errores dolorosos. Eso es cierto en especial en cuanto al amor romántico. Produce una sensación maravillosa en una pareja soñadora, ¿pero qué significa en realidad estar «enamorado»? Vamos a tratar de responder esa pregunta.

El significado
del amor romántico

Muchos jóvenes crecen con un concepto muy distorsionado del amor romántico. Confunden las cosas reales con el enamoramiento, e idealizan el matrimonio en algo que no puede ser jamás. Con el propósito de ayudar a aclarar estos conceptos erróneos, desarrollé una breve prueba de «verdadero o falso» para usarla en la enseñanza de grupos de adolescentes. Sin embargo, para mi sorpresa, descubrí que los adultos no obtuvieron en la prueba una puntuación mucho más alta que sus hijos adolescentes. Quizá quieras tomar esta prueba, a fin de medir tu comprensión del romance, el amor y el matrimonio. A la prueba le sigue una discusión de cada declaración de verdadero o falso para ayudarte a descubrir por ti mismo la diferencia entre el amor distorsionado y el que es verdadero.

¿Qué es lo que crees acerca del amor?

Marca «Verdadero» o «Falso» en cada una de las declaraciones de la página siguiente.

Verdadero	Falso		
☐	☐	1.	El «amor a primera vista» sucede entre algunas personas.
☐	☐	2.	Es fácil distinguir el amor verdadero del enamoramiento.
☐	☐	3.	Las personas que se aman de verdad no pelean ni discuten.
☐	☐	4.	Dios selecciona a *una* persona en particular para que nos casemos y Él nos guiará para que nos juntemos.
☐	☐	5.	Si un hombre y una mujer se aman el uno al otro de una manera genuina, las dificultades y los problemas tendrán poco, o ningún, efecto en su relación.
☐	☐	6.	Es mejor casarse con la persona equivocada que permanecer soltero y solo a través de toda la vida.
☐	☐	7.	No es perjudicial ni malo tener relaciones sexuales antes del matrimonio si la pareja tiene una relación significativa.
☐	☐	8.	Si una pareja se ama de verdad, esa condición es permanente, dura toda la vida.
☐	☐	9.	Es mejor un noviazgo corto (seis meses o menos).
☐	☐	10.	Los adolescentes son más capaces de un amor genuino de lo que son las personas mayores.

Los chicos conocen a las chicas... ¡Que viva el amor!

Aunque es indudable que existen algunas diferencias de opinión en cuanto a la prueba de verdadero o falso, me parece muy importante lo que considero que sean las respuestas correctas de cada uno de los puntos. Es más, creo que muchos de los problemas comunes en el matrimonio se desarrollan debido a una mala interpretación de estos diez puntos. Considera este ejemplo:

La confusión comienza cuando un chico conoce a una chica y el cielo entero se les ilumina en una profusión romántica. Al humo y al fuego les siguen relámpagos y truenos, y la deslumbrada pareja se encuentra hasta el cuello en lo que quizá sea o no el verdadero amor. Se bombea abundante adrenalina al sistema cardiovascular de los jóvenes y cada nervio se carga con doscientos veinte voltios de electricidad. Entonces, los dos pequeños mensajeros suben corriendo a sus respectivas columnas vertebrales de chico y chica, y hacen estallar sus emocionantes mensajes en cada movimiento de cabeza: «¡Eso es! ¡Terminó la búsqueda! ¡He encontrado al ser humano perfecto! ¡Que viva el amor!».

*La confusión comienza cuando un chico
conoce a una chica y el cielo entero se les
ilumina en una profusión romántica.
Al humo y al fuego les siguen relámpagos
y truenos, y la deslumbrada pareja se
encuentra hasta el cuello en lo que
quizá sea o no el verdadero amor.*

Para nuestra joven pareja romántica, es demasiado maravilloso contemplarlo. Quieren estar juntos las veinticuatro horas del día: caminar bajo la lluvia, sentarse juntos al lado del fuego, besarse y abrazarse. Se les llenan los ojos de lágrimas con solo pensar en el otro. Y no hace falta mucho tiempo para que se proponga en sí el asunto del matrimonio. De modo que fijan la fecha, reservan el templo, se comunican con el ministro y ordenan las flores.

La gran noche llega en medio de las lágrimas de la madre, las sonrisas del papá, la envidia de las damas de honor y de las asustadas damitas de las flores. Las velas están encendidas y la hermana de la novia despedaza dos hermosas canciones. Luego, se murmuran los votos, se colocan los anillos en los temblorosos dedos y el predicador le dice al novio que puede besar a su esposa. Después, se apresuran por el pasillo, destellando los treinta y dos dientes, en el camino hacia la recepción.

Los amigos y los conocidos abrazan y besan a la novia y miran al novio, se comen la horrible tarta y siguen las instrucciones del sudado fotógrafo. Por último, los flamantes señor y señora se marchan de la fiesta bajo una lluvia de arroz y confetis, y parten para su luna de miel. Hasta el momento, el sueño permanece intacto, pero están viviendo en un tiempo prestado.

No solo la primera noche en el hotel es menos excitante que lo anunciado, sino que también se transforma en un cómico desastre. Ella está exhausta y tensa, y él se siente cortado y falso. Desde el principio, la relación sexual está marcada con la amenaza del posible fracaso. Sus grandes expectativas acerca de la cama matrimonial traen como resultado decepción, frustración y miedo. Puesto que la mayoría de los seres humanos tiene un casi neurótico deseo de sentirse sexualmente adecuado, cada pareja tiende a culparse entre sí por cualquier problema con el orgasmo, lo cual, a la larga, le añade una nota de enojo y resentimiento a su relación.

Alrededor de las tres en punto de la tarde del segundo día, el nuevo esposo dedica diez minutos para pensar en la fatídica pregunta: «¿Habré cometido un grave error?». El silencio de él incrementa las ansiedades de ella, y brotan las semillas del desencanto. Cada uno tiene muchísimo tiempo para pensar respecto a las consecuencias de esta nueva relación, y ambos comienzan a sentirse atrapados.

Su argumento inicial es algo tonto. Pelean durante un rato por el dinero que gastaron en la comida de la tercera noche de la luna de miel. Ella quiere ir a algún lugar romántico para recuperar la atmósfera, y él quiere ir a comer con Ronald Mc-Donald. El estallido solo dura unos minutos y a esto le siguen las disculpas, pero se intercambiaron algunas palabras hirientes, lo cual estuvo a punto de devastar el maravilloso sueño. Pronto aprenderán a herirse el uno al otro de manera más eficaz.

De algún modo, se las arreglan durante los seis días del viaje y regresan a casa para establecer juntos la dirección del hogar. Entonces, el mundo comienza a fragmentarse y a desintegrarse delante de sus ojos. La siguiente pelea es mayor y mejor que la primera; él abandona la casa por dos horas y ella llama a su madre.

En el transcurso del primer año, participan en una recurrente contienda de voluntades, cada uno compitiendo por el poder y el liderazgo. Y en medio de esta batalla interna, ella sale asombrada del consultorio del tocólogo con las palabras resonándole en los oídos: «¡Le tengo buenas noticias, Sra. Pérez!». Si hay algo en la tierra que la Sra. Pérez no necesita ahora mismo son las «buenas noticias» de un tocólogo.

Desde allí hasta el final del conflicto, vemos a dos jóvenes decepcionados, confundidos y profundamente lastimados, preguntándose cómo sucedió todo esto. Pronto vendrá a la familia un pequeñín rubio o una bella princesita. Ese niño, y los que vendrán, nunca podrán disfrutar de los beneficios de un hogar estable. Su madre lo criará y siempre se preguntará: *«¿Por qué papá ya no vive aquí?»*.

Es obvio que el cuadro que hemos pintado no refleja cada joven matrimonio, pero es representativo de muchísimos de ellos. La tasa de divorcio es más alta en Estados Unidos que en cualquier otra nación civilizada del mundo, y va en aumento. En el caso de nuestra desilusionada pareja joven, ¿qué le pasó a su romántico sueño? ¿Cómo la relación que comenzó con tanto entusiasmo se transformó muy rápido en odio y hostilidad? Ellos no podrían haber estado más enamorados al principio, pero su «felicidad» estalló en sus asustadas caras. ¿Por qué esto no duró? ¿Cómo otros pueden evitar la misma desagradable sorpresa?

Quizá nuestra prueba de verdadero o falso brinde algunas respuestas.

LAS CREENCIAS
ACERCA DEL AMOR

He aquí algunas respuestas para nuestra prueba:

PRIMER PUNTO

El «amor a primera vista» sucede entre algunas personas.

Falso. Aunque algunos lectores no estarán de acuerdo conmigo, el amor a primera vista es una imposibilidad física y emocional. ¿Por qué? Porque el amor no es un simple sentimiento de romántica excitación; va más allá de la intensa atracción sexual; excede la emoción de tener «atrapada» una muy deseable presea social. Esas son emociones que se desatan a primera vista, pero que *no constituyen el amor*. Deseo que cada pareja joven supiera ese hecho. Estos sentimientos temporales se diferencian del amor en que colocan el centro de atención en lo que se experimenta. «¿Qué me está pasando a *mí*? ¡Esta es la cosa más fantástica por la que *haya* pasado alguna vez! ¡Creo que estoy enamorado!».

Verás, estas emociones son egoístas en el sentido de que las motiva la gratificación propia de una persona. Tienen poco que ver con el nuevo amante.

Tal persona no se ha enamorado de la otra persona; *¡se ha enamorado del amor!* Y hay una enorme diferencia entre los dos.

Las canciones pop, las cuales son la fuente principal de información de muchos adolescentes, revelan una basta ignorancia del tema. Esto es tan relevante en la música de hoy en día como lo fue en los años pasados. Un inmortal número de antaño afirma: «Antes de que el baile terminara, yo sabía que estaba enamorado de ti». Me pregunto si el cantante estaba tan seguro a la mañana siguiente. Otro confesó: «Yo no sabía qué hacer, así que solo susurré: "¡Te amo!"». Esa es una que me impacta todavía. La idea de basar un compromiso para toda la vida en la confusión adolescente parece un poco cuestionable en el mejor de los casos.

Hace años, *La familia Partridge* grabó una canción que también vendió una falta de comprensión del verdadero amor; decía: «Me desperté enamorado hoy, porque me dormí contigo en mi mente». El amor en este sentido no es nada más que un estado de ánimo, y es casi igual de permanente. Por último, un grupo de *rock* de la década de 1960 llamado *The Doors* se llevó el premio para el número musical más ignorante del siglo veinte; el estribillo decía: «¡Hola, yo te amo, no tienes que decirme tu nombre!».

¿Sabías que la idea del matrimonio basado en el afecto romántico es más bien una tendencia bastante reciente en los asuntos humanos? Antes de 1200 a. C., en el mundo occidental las familias de la novia y del novio concertaban las bodas, y nunca se le ocurría a nadie que se suponía que se «enamoraran». Es más, el concepto del amor romántico lo popularizó en realidad William Shakespeare. Hay veces en los que deseo que el viejo inglés estuviera aquí para ayudarnos a entender lo que tenía en mente.

He aquí mi mejor explicación: El amor verdadero, en contraste con las ideas populares, es una expresión del más profundo aprecio por otro ser humano; es una intensa comprensión de sus necesidades y anhelos por el pasado, el presente y el futuro. Es generoso en dar y cuidar. Y créeme, estas no son actitudes de uno que se «enamora» a primera vista, como si anduviera a ciegas por la vida.

Locos de amor

He desarrollado un amor para toda la vida por mi esposa, Shirley, pero no fue algo sin intensión. Lo he *cultivado* y ese proceso lleva tiempo. Tuve que conocerla antes de que pudiera apreciar la profundidad y la estabilidad de su carácter, a fin de familiarizarme con el matiz de su personalidad, lo cual ahora valoro. La familiaridad en la que ha florecido el amor simplemente no puede generarse en «alguna noche encantada... a través de una abarrotada habitación» (como tendría otro antiguo cantante). Uno no puede amar un cuerpo desconocido, ¡sin importar cuán tentador, sexy, ni sexualmente atractivo sea!

SEGUNDO PUNTO

Es fácil distinguir el amor verdadero del enamoramiento.

Una vez más, esta declaración es falsa. Esa travesía desenfrenada al inicio de una aventura romántica tiene todas las características de un viaje para toda la vida. Solo trata de decirle a un soñador de dieciséis años que no está enamorado en realidad, que solo está encaprichado. Sacará de repente su guitarra y te cantará una canción acerca del «verdadero amor». Sabe lo que siente, y lo que siente es grandioso. Sin embargo, será mejor que disfrute el paseo en la montaña rusa mientras dure, porque tiene un punto final previsible.

Debo subrayar este hecho con un mayor énfasis: La euforia del enamoramiento *nunca* es una condición permanente. ¡Punto! Si tú esperas vivir en la cima de una montaña año tras año, ¡olvídate de eso! Las emociones van desde el punto más alto hasta el más bajo, y de este al más alto en un ritmo cíclico; y debido a que la excitación es una emoción, sin duda alguna que oscilará demasiado. Si la emoción del encuentro sexual se identifica como un amor genuino, el desencanto y el desengaño están listos para tocar a la puerta. ¿Cuántas jóvenes parejas vulnerables se «enamoran del amor» en la primera cita, y se encierran en el matrimonio antes de que la oscilación natural de sus emociones haya progresado siquiera hasta el primer descenso? Entonces, se despiertan una mañana sin ese maravilloso sentimiento y concluyen que ha muerto el amor. En realidad, nunca estuvo ahí desde un principio. Se engañaron con un emocional «punto alto».

¿Cuántas jóvenes parejas vulnerables se «enamoran del amor» en la primera cita, y se encierran en el matrimonio antes de que la oscilación natural de sus emociones haya progresado siquiera hasta el primer descenso?

Estaba tratando de explicarle esta característica de altibajos de nuestra naturaleza psicológica a un grupo de cien parejas jóvenes casadas. Durante el período de discusión, alguien le preguntó a un hombre joven en el grupo por qué se había casado tan joven, y él respondió: «¡Porque yo no sabía nada acerca de esa línea ondulante hasta que era demasiado tarde!». Ay, esa línea ondulante ha atrapado a más de un joven romántico.

Los altibajos en la «línea ondulante» están manipulados por las circunstancias de la vida. Aun cuando un hombre y una mujer se amen el uno al otro de una manera profunda y genuina, se encontrarán sobrecargados en una ocasión y ligeros en lo emocional en otra. Verás, su amor no está definido por los altibajos, sino que depende de *un compromiso de su voluntad*. La estabilidad viene de esta irreprensible determinación de crear un matrimonio exitoso y de mantener la llama ardiendo *sin importar las circunstancias*.

Lo lamentable es que no todo el mundo está de acuerdo con el concepto divinamente inspirado del matrimonio permanente. La Dra. Margaret Mead, fallecida antropóloga, abogó por el matrimonio de prueba para los jóvenes. Ella y otros escritores han alentado a los jóvenes para que acepten el matrimonio común, el contrato matrimonial y el concubinato. Incluso, nuestra música ha reflejado nuestra búsqueda a tientas y sin rumbo por una innovadora relación entre un hombre y una mujer.

Una de esas ideas es que el amor romántico solo puede sobrevivir en la *ausencia* de un compromiso permanente. El cantante Glen Campbel convirtió este pensamiento en música en la que fuera su popular canción titulada «Gentle on My Mind» [Apacible en mi mente]. Parafraseando la letra, decía que no eran las firmas manchadas de tinta seca sobre alguna partida de matrimonio lo que mantenía su saco de dormir escondido detrás del sofá en la casa de su amante; era saber que podía levantarse y dejarla cada vez que lo deseara, que ella no lo tenía encadenado. Era la libertad de abandonarla lo que la mantenía «apacible en [su] mente».

¡Qué idea tan absurda la de pensar que exista una mujer que le permita a su amante que se aparezca y se desaparezca sin un sentimiento de pérdida, rechazo o abandono! Cuán ignorante es el poder del amor (y del acto sexual) al hacernos «una sola carne», rasgándola y desprendiéndola de forma inevitable en el momento de la separación.

Y, desde luego, la canción de Glen Campbell no decía nada acerca de los pequeños que nacen de esa relación, cada uno preguntándose si papá estaría allí mañana por la mañana, si los ayudaría a pagar sus cuentas o si se marcharía por las vías férreas hacia alguna parte, bebiendo café de una lata y teniendo buenos pensamientos en los desvíos de su mente. ¿Puedes ver a su mujercita parada con sus hijos delante de la puerta de entrada, ondeando un pañuelo y diciendo: «Adiós, querido. Ven a visitarnos cuando puedas»?

Volvamos a la pregunta que nos ocupa: Si el amor genuino está arraigado en un compromiso de la voluntad, ¿cómo uno puede saber cuándo llega? ¿Cómo puede distinguirlo del enamoramiento temporal? ¿Cómo puede interpretarse si el sentimiento es poco confiable e inconstante?

Solo existe una respuesta a esas preguntas: *Se necesita tiempo*. El mejor consejo que puedo darle a una pareja que está considerando la posibilidad del matrimonio (o cualquier otra decisión importante) es este: *No* tomen decisiones importantes que moldean la vida con rapidez ni de manera impulsiva; y en caso de duda, detengan el proceso. Esa no es una mala sugerencia para que la apliquemos todos nosotros.

El mejor consejo que puedo darle a una pareja que está considerando la posibilidad del matrimonio (o cualquier otra decisión importante) es este: No tomen decisiones importantes que moldean la vida con rapidez ni de manera impulsiva; y en caso de duda, detengan el proceso. Esa no es una mala sugerencia para que la apliquemos todos nosotros.

TERCER PUNTO

Las personas que se aman de verdad no pelean ni discuten.

Dudo que este tercer punto requiera en realidad una respuesta. Algunos conflictos conyugales son tan inevitables como la salida del sol, incluso en los matrimonios amorosos. Hay una diferencia, sin embargo, entre el combate saludable y el malsano, dependiendo de la manera en que se maneje la desavenencia. En un matrimonio inestable, el enojo casi siempre se arroja con violencia contra la pareja. «Tus mensajes» agresivos y centrados en la persona golpean la autoestima y producen una intensa conmoción interna:

«¡Tú nunca haces nada bien!»
«¿Por qué me habré casado contigo?»
«¿Cómo puedes ser tan estúpido (poco razonable o injusto)?»
«Cada día te estás pareciendo más a tu madre».

La pareja herida a menudo responde de la misma manera, devolviendo declaraciones odiosas salpicadas de lágrimas y obscenidades. El propósito declarado de este tipo de lucha interna es hacer daño, y es muy eficaz. Las palabras cortantes nunca se perdonarán, aun cuando se profieran en un momento de enojo irracional.

Tal combate no solo es malsano, sino también cruel y agresivo. Deteriora la relación matrimonial y puede destruirla con facilidad.

El conflicto saludable, por otra parte, permanece enfocado en el asunto alrededor del cual comenzó el desacuerdo. El asunto centrado en mensajes en el «yo» permite que tu pareja sepa lo que está mal y que no sea el blanco principal:

«Yo estoy preocupado debido a todas esas facturas».
«Yo me enojo cuando no sé que vas a llegar tarde para cenar».
«Yo estaba avergonzado por lo que dijiste anoche en la fiesta, me sentí ridículo».

Cualquier aspecto de lucha, preocupación, enojo, vergüenza, puede ser emocional y tenso, pero puede ser mucho menos perjudicial para los egos de ambos cónyuges si se enfocaran en el desacuerdo básico y trataran de resolverlo juntos. Una pareja saludable puede analizar los problemas mediante el compromiso y la negociación. Todavía habrá dolor y daño, pero el esposo y la esposa tendrán menos dardos incrustados para arrancar a la mañana siguiente. La capacidad de luchar *como es debido* quizá sea la habilidad más importante que deban aprender los recién casados.

Los que nunca entienden la técnica son los que casi siempre les quedan dos alternativas: (1) encaminan el enojo y el resentimiento hacia adentro en silencio, donde se agravará y acumulará a través de los años, o (2) estallarán en la individualidad de su pareja. Los tribunales de divorcio están bien representados por parejas de ambas categorías[1].

CUARTO PUNTO

Dios selecciona a *una* persona en particular para que nos casemos y Él nos guiará para que nos juntemos.

En cierta ocasión, un hombre joven al que estaba aconsejando me dijo que se despertó a medianoche con la fuerte impresión de que Dios quería que se casara con una joven dama con la que había salido de manera informal solo unas pocas veces. Ellos ni siquiera andaban juntos en esa oportunidad y apenas se conocían el uno al otro. A la mañana siguiente, él la llamó y le comunicó el mensaje que, al parecer, le envió Dios durante la noche. La chica se figuró que no debía discutir con Dios, así que aceptó la proposición. ¡Ellos ahora tienen siete años de casados y han luchado por sobrevivir desde el día de su boda!

A cualquiera que crea que Dios le garantiza un matrimonio exitoso a cada cristiano, se le avecina un impacto. Esto no quiere decir que Él no esté interesado en la elección de una pareja, ni que no responderá a una petición específica por dirección en esta importantísima decisión. Sin duda alguna, su voluntad debe buscarse en un asunto tan crucial. Yo lo consulté a Él una y otra vez antes de proponerle matrimonio a mi esposa.

Sin embargo, no creo que Dios realice un servicio rutinario de casamentero para todo el que lo adora. Él nos ha dado juicio, sentido común y poderes discrecionales, y espera que nosotros ejercitemos esas habilidades en los asuntos del matrimonio. Los que creen de cualquier otra manera es probable que entren al matrimonio de un modo simplista, pensando: *Dios nos hubiera detenido si no lo aprobara*. A tales personas confiadas solo les puedo decir: «Muchísima suerte».

*No creo que Dios realice un servicio
rutinario de casamentero para todo el que lo
adora. Él nos ha dado juicio, sentido común
y poderes discrecionales, y espera que nosotros
ejercitemos esas habilidades en los asuntos del
matrimonio.*

QUINTO PUNTO

Si un hombre y una mujer se aman el uno al otro de una manera genuina, las dificultades y los problemas tendrán poco, o ningún, efecto en su relación.

Otro concepto erróneo muy común acerca del significado del «verdadero amor» es que es impenetrable ante las presiones de la vida y que durante los tiempos difíciles está firme como el peñón de Gibraltar. Algunas veces, el amor no lo conquista todo. Los *Beatles* apoyaron esta idea con su canción: «Todo lo que necesitamos es amor, amor, amor es todo lo que necesitamos». Lo lamentable es que nosotros necesitamos un poco más.

Formé parte del personal asociado para el Hospital de Niños de Los Ángeles durante catorce años. A través de los años vi numerosos niños con problemas genéticos y de metabolismo, donde la mayoría de los cuales involucraba discapacidades mentales y físicas en nuestros pequeños pacientes. El impacto emocional de tales diagnósticos en las familias era devastador. Incluso en los matrimonios estables y amorosos, la culpa y el desengaño de haber procreado un hijo «dañado» a menudo abría una brecha entre la afligida madre y el padre. De manera similar, la fiebre del amor puede debilitarse debido a los problemas financieros, las enfermedades, los reveces en los negocios o las separaciones prolongadas. En pocas palabras, debemos concluir que el amor es vulnerable al dolor y al trauma, y a menudo se tambalea cuando lo ataca la vida. Se debe proteger y cuidar cuando vienen los tiempos difíciles.

SEXTO PUNTO

Es mejor casarse con la persona equivocada que permanecer soltero y solo a través de toda la vida.

Una vez más se responde que es falso. En términos generales, es menos dolorosa la búsqueda de un fin de la soledad a estar envuelto en el torbellino emocional de un matrimonio malo. Sin embargo, la amenaza de quedarse soltera para toda la vida causa que muchas mujeres jóvenes, en especial, se agarren al primer tren que deambule por la vía conyugal. Y demasiado a menudo ofrece un billete de ida hacia los problemas.

El temor de nunca encontrar una pareja puede causar que una persona soltera pase por alto su mejor sentido común y comprometa sus estándares. Una mujer joven quizá discuta consigo misma de esta manera: *Juan no es cristiano, pero tal vez pueda influir en él después que estemos casados. Él bebe demasiado, pero es probable que se deba a que es joven y despreocupado. Además, no tenemos mucho en común, pero estoy segura que aprenderemos a amarnos más el uno al otro a medida que pasa el tiempo. Aparte de eso, ¿qué podría ser peor que vivir sola?*

Esta clase de racionalización está basada en una desesperada esperanza por un milagro matrimonial, pero los finales de los libros de cuentos son hechos poco comunes en la vida diaria. Cuando uno se precipita en el matrimonio a pesar de las evidentes señales de alarma, tanto el esposo como la esposa se están jugando sus años restantes.

Para los lectores que están solteros hoy en día, por favor, ¡créanme cuando digo que un mal matrimonio puede ser una de las experiencias más desdichadas en la tierra! Muchas veces conduce al rechazo, a los sentimientos heridos, a hijos lastimados y a noches de insomnio. Sin duda alguna, el viaje solitario como una persona soltera puede ser una vida significativa y satisfactoria. Al menos, no involucra «una casa [que] está dividida contra sí misma» (Marcos 3:25, LBLA).

*Cuando uno se precipita en el matrimonio
a pesar de las evidentes señales de alarma,
tanto el esposo como la esposa se están
jugando sus años restantes. Para los
lectores que están solteros hoy en día, por
favor, ¡créanme cuando digo que un mal
matrimonio puede ser una de las experiencias
más desdichadas en la tierra!*

SÉPTIMO PUNTO

No es perjudicial ni malo tener relaciones sexuales antes del matrimonio si la pareja tiene una relación significativa.

Este punto representa *el* más peligroso y popular de los conceptos erróneos acerca del amor romántico, no solo para los individuos, sino también para nuestra nación. Durante varias décadas pasadas, hemos sido testigos de la trágica desintegración de las prácticas sexuales y de los conceptos tradicionales de la moralidad. Respondiendo a un ataque constante por parte de la industria del entretenimiento y de los medios de comunicación, muchas personas han comenzado a creer que la relación sexual es saludable y moralmente aceptable. Esos puntos de vista reflejan la vacuidad sexual de la época en la cual vivimos.

Es poco común que los científicos sociales estén en una virtual unanimidad en cuanto a los asuntos que están estudiando, pero la mayoría está de acuerdo con relación a las consecuencias de la conducta sexual temprana. En muchos casos, es el primer paso hacia el devastador daño emocional y físico, sobre todo entre esos para quienes las relaciones sexuales se han convertido en algo habitual.

Como declaro en mi libro *Cómo criar a las hijas*, es casi imposible exagerar el alcance de este problema. Alrededor de diecinueve millones de nuevos casos de enfermedades de transmisión sexual ocurren cada año entre grupos de todas las edades en los Estados Unidos[2]. Los que se «acuestan con cualquiera», incluso de vez en cuando, de manera inevitable, y me refiero a que es de manera inevitable, estarán infectados con una enfermedad de transmisión sexual (o un conjunto de ellas). Los preservativos pueden reducir el riesgo, pero son problemáticos también. Se deslizan, se rompen, se salen y llegan a ser frágiles con el transcurso del tiempo. En algunos casos, todo lo que hace falta para contraer sífilis, gonorrea, clamidia, herpes o cualquier otra de las treinta enfermedades comunes de transmisión sexual es la de cometer un solo error con un portador. Las posibilidades de llegar a estar infectado por una pareja infectada son tan altas como de un cuarenta por ciento por encuentro[3].

Una de las temidas enfermedades antes mencionadas es la del virus del papiloma humano, o VPH, la cual merece especial atención. Los centros para el control y la prevención de enfermedades estiman que diecinueve millones de personas se infectan cada año con esta enfermedad[4]. Al menos el cincuenta por ciento de los individuos sexualmente activos adquirirán el VPH durante su vida[5]. Alrededor de los cincuenta años de edad, el ochenta por ciento de las mujeres contraerán infecciones genitales debido al VPH[6]. Existen más de cien variedades de esta infección, cuarenta de las cuales afectan la zona genital. Algunas de ellas causan cáncer del cuello del útero[7]. La mayoría de la gente no se da cuenta de que está infectada o que le pasó el virus a su pareja sexual. Las mujeres que contraen una de esas enfermedades necesitarán evaluación médica con regularidad y pueden requerir pruebas especiales y tratamientos quirúrgicos.

Otros estudios indican que el acto sexual oral en los adolescentes entre las edades de quince y diecinueve años es más común que la relación sexual[8]. El setenta por ciento de esos jóvenes entre diecisiete y diecinueve años de edad han tenido relación sexual oral[9]. Lo increíble es que la mayoría de los adolescentes ve esa actividad como casual y no íntima[10]. Al parecer, algunos de ellos escogen el acto sexual oral en lugar del coito a fin de conservar su «estatus virginal» y de evitar enfermedades[11]. Lo que no saben es que muchos de los organismos de transmisión sexual que llevan a casa, tales como los herpes y otros virus, son incurables aun cuando sean tratables. Las cepas del virus del papiloma humano pueden causar cáncer de la boca y la garganta, y se transmiten mediante la actividad sexual oral. Esos son los datos fríos y duros.

El Dr. Joel Ernster, un otorrinolaringólogo que ejerce su especialidad en Colorado Springs, Colorado, escribió: «El acto sexual oral tiene implicaciones que van más allá de lo que pensábamos en un principio»[12]. Dijo que los hombres casados con familias que hace décadas estaban en esta actividad sexual, todavía pueden ser portadores de la infección.

En un estudio tras otro, estamos viendo la confirmación de lo que muchos de nosotros ya sabíamos hace veinte años, pero que aún parece ser un secreto entre la mayoría de los adolescentes y los jóvenes adultos: No existe tal cosa como sexo seguro. Las epidemias de enfermedades de transmisión sexual producen un efecto de remolino a nuestro alrededor.

En un estudio tras otro, estamos viendo la confirmación de lo que muchos de nosotros ya sabíamos hace veinte años, pero que aún parece ser un secreto entre la mayoría de los adolescentes y los jóvenes adultos: No existe tal cosa como sexo seguro. Los funcionarios de la salud de Estados Unidos estimaron en 2007 que un cuarto de todas las mujeres en este país, entre catorce y cincuenta y nueve años de edad, están infectadas con un virus que causa verrugas genitales y la mayoría de los casos de cáncer del cuello del útero[13]. ¿Esto te deja tan horrorizado como a mí? El veinticinco por ciento de las adolescentes, esposas, hermanas, tías y algunas abuelas que ves por ahí son portadoras de esta enfermedad. Algunas morirán de cáncer como resultado del VPH. Estas epidemias de enfermedades de transmisión sexual producen un efecto de remolino a nuestro alrededor.

La actividad sexual indiscriminada no solo representa una amenaza individual para la supervivencia, sino que tiene mayores implicaciones para las naciones también. El antropólogo J.D. Unwin llevó a cabo un estudio exhaustivo de las ochenta y ocho civilizaciones que han existido en la historia del mundo. Cada cultura ha reflejado un ciclo similar de vida, comenzando con un estricto código de conducta sexual y terminando con la exigencia por una total «libertad» para expresar la pasión individual. Unwin informa que *cada* sociedad que respaldó la promiscuidad sexual desapareció de pronto. No ha habido excepciones[14].

¿Por qué crees que el impulso reproductivo dentro de nosotros es tan importante para la supervivencia cultural? ¡Es porque la energía que mantiene unidas a las sociedades es de naturaleza sexual! La atracción física entre los hombres y las mujeres les lleva a establecer familias y a invertir ellos mismos en su desarrollo. Los anima a trabajar, a ahorrar y a esforzarse al máximo, a fin de asegurar su supervivencia. Su energía sexual proporciona el ímpetu para la crianza de hijos saludables y para la transferencia de los valores de una generación a la siguiente.

Los impulsos sexuales inspiran a un hombre a trabajar cuando preferiría jugar. Causan que una mujer ahorre cuando preferiría gastar. En pocas palabras, el aspecto sexual de nuestra naturaleza, cuando se libera de forma exclusiva dentro de la familia, produce estabilidad y responsabilidad, lo cual no sucedería de otra manera. Cuando una nación está compuesta de millones de unidades familiares consagradas y responsables, la sociedad entera es estable, responsable y fuerte.

Si la energía sexual dentro de la familia es la clave para una sociedad saludable, su liberación fuera de esos límites es catastrófica en potencia. La fuerza misma que une a las personas se convierte en el agente para su propia destrucción.

Quizá este asunto se pueda ilustrar mediante una analogía entre la energía sexual en el núcleo familiar y la energía física en el núcleo de un diminuto átomo. Los electrones, los neutrones y los protones se mantienen en un delicado equilibrio a través de una fuerza eléctrica dentro de cada átomo. Sin embargo, cuando dicho átomo y sus vecinos se encuentran divididos en una desintegración nuclear (por ejemplo, en una bomba atómica), la energía que había proporcionado la estabilidad interna se libera entonces con una sorprendente potencia y destrucción. Existe una amplia razón para creer que esta comparación entre el núcleo del átomo y el núcleo familiar es más que incidental.

¿Quién puede negar que una sociedad esté seriamente debilitada cuando el intenso impulso sexual entre los hombres y las mujeres se convierte en instrumento para la desconfianza y la intriga dentro de millones de familias individuales? Bajo esas circunstancias, una mujer nunca sabe lo que su esposo está haciendo cuando se marcha del hogar, y un esposo no puede confiar en su esposa durante su ausencia. Cuando esos impulsos sexuales no se controlan, terminamos con la mitad de todas las novias embarazadas en el altar, y a los recién casados que han perdido la maravilla exclusiva de la cama conyugal.

Lo lamentable es que la afligida víctima de una sociedad inmoral de esta naturaleza es el hijo que escucha las peleas y las discusiones de sus padres. Sus tensiones y sus frustraciones se derraman sobre su mundo, y la inestabilidad de su hogar deja feas cicatrices en su joven mente. Entonces, observa que sus padres se separan airados, y a menudo se despide del padre que necesita y ama.

O tal vez debamos hablar de los miles de bebés que nacen cada año de madres adolescentes solteras, muchos de los cuales nunca conocerán la seguridad de un hogar afectuoso y positivo. O a lo mejor debamos analizar el rampante azote de enfermedades venéreas, incluyendo el mortal virus del SIDA, el cual ha alcanzado proporciones epidémicas.

Los nacimientos ilegítimos, los abortos, las enfermedades, incluso la muerte, son el verdadero vómito de la revolución sexual, y estoy cansado de oír que lo idealizan y lo glorifican. Es evidente que Dios ha prohibido el comportamiento sexual irresponsable, no para privarnos de la diversión y el placer, sino para guardarnos de las consecuencias de esta supurante forma de vida.

OCTAVO PUNTO

Si una pareja se ama de verdad, esa condición es permanente, dura toda la vida.

El amor, incluso el amor genuino, es una cosa frágil. Permítame que lo diga una vez más: Una relación matrimonial debe mantenerse y protegerse si se quiere que sobreviva. El amor puede morir cuando un esposo o una esposa trabaja los siete días de la semana, cuando no hay tiempo para una actividad romántica, cuando el hombre y la mujer olvidan cómo hablarse el uno al otro.

El lado intenso en una relación amorosa puede entorpecerse a través de las presiones rutinarias de la vida, como lo experimenté yo durante los primeros días de mi matrimonio con Shirley. Estaba trabajando a tiempo completo y tratando de terminar mi doctorado en la Universidad del Sur de California. Mi esposa estaba enseñando en una escuela y manteniendo nuestro pequeño hogar. Recuerdo con claridad la noche cuando me di cuenta de lo que le estaba haciendo esta vida ocupada a nuestra relación. Todavía nos amábamos el uno al otro, pero había pasado mucho tiempo desde que habíamos sentido un espíritu de afecto y cercanía. Esa noche aparté mis libros de texto y fuimos a dar una larga caminata. El siguiente semestre me exigí menos en la escuela y aplacé mis metas académicas con el fin de preservar lo que más valoraba. Volví a mis estudios el próximo semestre.

¿Dónde sitúas tu matrimonio en tu jerarquía de valores? ¿Obtiene las sobras y las migajas de tu apretada agenda, o es algo de gran valor para preservarlo y apoyarlo? Puede morir si lo dejas sin atención.

NOVENO PUNTO

Es mejor un noviazgo corto (seis meses o menos).

La respuesta a esta cuestión está incorporada en el análisis del segundo punto con relación al enamoramiento. El noviazgo corto refleja decisiones impulsivas acerca de compromisos para toda la vida y, en el mejor de los casos, es un asunto riesgoso.

DÉCIMO PUNTO

Los adolescentes son más capaces de un amor genuino de lo que son las personas mayores.

Si esta declaración fuera verdadera, estaríamos en apuros para explicar por qué alrededor de la mitad de los matrimonios de adolescentes terminan en divorcio en los primeros años. Por el contrario, la clase de amor que he estado describiendo: el de un compromiso desinteresado, dadivoso y diligente, requiere una medida de madurez a fin de que dé resultados. Y la madurez es algo que está en desarrollo en la mayoría de los adolescentes. El romance adolescente es una parte emocionante del crecimiento, pero raras veces se centra en el criterio para las relaciones más profundas de las que se componen los matrimonios de éxito.

Notas

1. Para más información acerca de cómo manejar los conflictos de una manera saludable, lee de David Augsburger, *Caring Enough to Confront*, Regal Books, Ventura, CA, 2009. (Publicado en español con el título *¿Diferencias personales? ¡Enfréntalas con amor!*).

2. Centros para el control y la prevención de enfermedades, «Sexually Transmitted Disease Surveillance, 2007». El informe completo está disponible en http://www.cdc.gov/std/stats07.

3. E. Johannisson, «STDs, AIDS and Reproductive Health», *Advances in Contraception*, junio de 2005.

4. «Genital HPV Infection: CDC Fact Sheet, 2009». Léelo en http://www.cdc.gov/STD/HPV/STDFact-HPV.htm.

5. *Ibíd*.

6. *Ibíd*.

7. *Ibíd*.

8. Laura Duberstein Lindberg, Rachel Jones y John S. Santelli, «Non-Coital Sexual Activities Among Adolescents», *Journal of Adolescent Health*, septiembre de 2008, pp. 231-238.

9. Laura Sessions Stepp, «Study: Half of All Teens Have Had Oral Sex», *Washington Post*, 16 de septiembre de 2005, *National Center for Health Statistics*, 2005.

10. Encuesta sobre la relación sexual adolescente llevada a cabo por *Princeton Survey Research Assotiates International*, 2004. Léelo en http://www.msnbc.msn.com/id/6839072.

11. *Ibíd*., *Contraceptive Technology Update* 22, n.º 5, mayo de 2001.

12. «Studies Tie Oral Sex to Throat Cancer in Some Men», *Colorado Springs Gazette*, 22 de octubre de 2007.

13. «Sexually Transmitted Disease Surveillance, 2007».

14. Joseph Daniel Unwin, «Sexual Regulations and Cultural Behavior», charla dada el 27 de marzo de 1935, a la sección médica de la *British Psychological Society*, impreso por *Oxford University Press*, Londres, Inglaterra.

EL COMPROMISO
PARA TODA LA VIDA

Las diez declaraciones del breve cuestionario son falsas, pues representan los diez mitos más comunes acerca del significado del amor romántico. A veces me gustaría que la prueba pudiera utilizarse como base para expedir licencias de matrimonio: Los que obtuvieran una puntuación de nueve a diez calificarían con honores; los que tuvieran bien de cinco a ocho puntos, se les requeriría que esperaran seis meses más antes del matrimonio; ¡a los confundidos soñadores que tuvieran cuatro o menos respuestas correctas se les recomendaría el celibato permanente! (En serio, es probable que se necesite un curso intensivo para todos los que consideren la posibilidad de las campanas de boda).

Quiero mostrarte las palabras que le escribí a mi esposa en una tarjeta por nuestro octavo aniversario de bodas. Lo que le dije quizá no lo expresara de la manera en la que tú se lo comunicarías a tu pareja. Espero, sin embargo, que mis palabras ilustren el genuino e inquebrantable amor que he estado describiendo:

A mi amada esposa, Shirley

con motivo de nuestro octavo aniversario

Estoy seguro de que recuerdas las muchas ocasiones durante nuestros ocho años de matrimonio cuando la ola del amor y del afecto se elevaba por encima de la cresta, tiempos cuando nuestros sentimientos del uno por el otro eran casi sin límites. Esta clase de emoción intensa no puede suceder por voluntad propia, sino que a menudo la acompaña un tiempo de particular felicidad. La sentimos cuando me ofrecieron mi primer puesto de trabajo profesional. La sentimos cuando la hija más preciosa del mundo llegó a casa de la sala de maternidad del hospital de Huntington. La sentimos cuando la Universidad del Sur de California decidió premiarme con un doctorado, y en otros emocionantes tiempos en nuestra vida conyugal. Sin embargo, ¡las emociones son extrañas! Sentimos la misma cercanía cuando el tipo de eventos opuestos tuvo lugar; cuando el peligro y la tristeza entraron en nuestras vidas. Sentimos una intensa cercanía cuando un problema médico amenazó con posponer nuestros planes de matrimonio. La sentimos cuando tú estabas hospitalizada el año pasado. La sentí de manera intensa cuando me arrodillé junto a tu cuerpo inconsciente después de un demoledor accidente automovilístico.

Estoy tratando de decir esto: Tanto la felicidad como la amenaza traen ese abrumador aprecio y afecto por la persona amada. No obstante, el hecho es que, día a día, la vida no es ni triste ni emocionante. Más bien, está compuesta de la rutina y la tranquilidad de los hechos cotidianos en los que participamos. Y durante esos tiempos, disfruto del amor callado y sereno que en realidad sobrepasa de muchas maneras la demostración efervescente. Quizá no sea tan exuberante, pero fluye profundo y sólido. Me encuentro firmemente en esa clase de amor en este octavo aniversario. Hoy siento el cariño constante y silencioso de un corazón amoroso. Estoy comprometido contigo y con tu felicidad, ahora más de lo que lo he estado jamás. Quiero seguir siendo tu «amado».

Cuando los acontecimientos nos preparen de improviso de manera emocional, disfrutaremos de la sensación y la excitación romántica. Sin embargo, durante la rutina de la vida, como la de hoy, mi amor permanece intacto. Feliz aniversario para mi maravillosa esposa.
Jim

La frase clave en mi nota para Shirley es: «Estoy comprometido contigo». Mi amor por mi esposa no lo pueden afectar una y otra vez los vientos de cambio, ni las circunstancias, ni las influencias ambientales. Aun cuando mis volubles emociones salten de un extremo al otro, mi compromiso permanece anclado con solidez. Mi amor por mi esposa lo sustenta una inquebrantable determinación para que tenga éxito.

Mi amor por mi esposa no lo pueden afectar una y otra vez los vientos de cambio, ni las circunstancias, ni las influencias ambientales. Aun cuando mis volubles emociones salten de un extremo al otro, mi compromiso permanece anclado con solidez. Mi amor por mi esposa lo sustenta una inquebrantable determinación para que tenga éxito.

La inversión esencial del compromiso se echa muchísimo de menos en la mayoría de los matrimonios modernos. «Te amo», parece que dicen, «siempre y cuando me sienta atraído hacia a ti, o con tal de que otra persona no luzca mejor, o a condición de que me resulte ventajoso continuar la relación». Sin lugar a dudas, este amor sin anclaje se evaporará tarde o temprano.

«En lo bueno y en lo malo, en la riqueza y en la pobreza, en la enfermedad y en la salud, para amarte y respetarte hasta que la muerte nos separe...». Esa conocida promesa del pasado todavía ofrece la base más sólida sobre la cual edificar un matrimonio, pues allí radica el verdadero significado del amor romántico genuino.

A propósito, mi esposa, Shirley, y yo celebramos nuestro quincuagésimo aniversario de bodas en el año 2010. Este es el «logro» más importante de nuestras vidas. Y creo que va a dar resultados.

Conclusión

A riesgo de la redundancia, permíteme abordar el tema del amor romántico para los que parecen que se dirigen hacia el matrimonio. Si tú eres esa persona, te insto a que tomes la decisión de casarte con gran precaución y mucha oración. Piensa con sumo cuidado en cuán bien conoces a la persona por la que sientes atracción. Pregúntate si abriga caprichos adictivos o del comportamiento que quizá hayan estado ocultos hasta ahora, tales como alcoholismo, juegos de azar, pornografía, inclinaciones homosexuales o lesbianas, otras evidencias de inmoralidad sexual, mentiras y engaños, egoísmo, temperamento violento, abuso físico o emocional, desaseo, mala administración financiera, enfermedad mental, vagancia, desinterés en los asuntos espirituales, aversión a los niños, y cientos de otras características que pueden causar estragos en una relación. Estos problemas pueden surgir, y a menudo lo hacen, después del matrimonio, lo cual algunas veces toman a la otra pareja completamente por sorpresa. La persona que estás convencido que es el ser humano perfecto quizá lo único que te traiga sea sufrimiento y angustia por el resto de tu vida. Lamento lanzarte un cubo de agua fría en lo que parece la más maravillosa experiencia de una relación romántica, pero debo plantearte las cuestiones difíciles.

Dada la importancia de un compromiso conyugal, parece increíblemente necio para un hombre o una mujer vincularse para toda la vida con alguien que casi no conoce. Esa es una de las decisiones más riesgosas que puede hacer una persona. No es suficiente con «sentirse» bien respecto a esa persona. Ese gran sentimiento que te impulsa puede evaporarse en un fin de semana.

Volviendo a lo señalado con anterioridad, las impresiones son muy poco confiables; muchas veces las motivaron la atracción sexual, la soledad, los anhelos, la esperanza, las corazonadas y la necesidad de amar. Todos estos factores son legítimos y razonables, pero también pueden conducirnos a la desilusión propia. A millones de personas le han hecho gran daño esos deseos que pasaron por alto todas las señales de peligro. Por lo tanto, ¿qué hace una persona con el dolor dentro? El matrimonio es uno de los regalos más maravillosos para nosotros de la mano de nuestro Creador, y el matrimonio no debe evitarse solo porque implique riesgos. En su lugar, hay una buena manera de probar las impresiones de uno, a fin de ver si son válidas o peligrosas impostoras.

El matrimonio es uno de los regalos más maravillosos para nosotros de la mano de nuestro Creador, y el matrimonio no debe evitarse solo porque implique riesgos. En su lugar, hay una buena manera de probar las impresiones de uno, a fin de ver si son válidas o peligrosas impostoras.

Permíteme plantearte las tres preguntas siguientes que una persona puede considerar con el propósito de determinar si está haciendo lo debido, no solo con relación al matrimonio, sino también en cuanto a todas las decisiones importantes de la vida. Dicho de otra manera, tú puedes someter tus impresiones a la prueba al hacerte estas preguntas:

1. ¿Es bíblica?

En la Palabra de Dios encontrarás respuestas específicas para los problemas de la vida. Cada expresión de la voluntad de Dios está de acuerdo a sus principios universales. Si un comportamiento está prohibido en la Biblia, no puede ser bueno. Tú puedes encontrar pasajes relevantes acerca de la decisión que estás enfrentando, no por una prueba del texto tomada al azar, donde tomas uno o dos versículos para apoyar un deseo en particular, sino mediante el estudio de importantes versículos usando una Biblia con concordancia o un *software* de computadora que ofrezca una variedad de concordancias interactivas, diccionarios y comentarios. Te sorprenderás por la manera en que te «habla» la Escritura cuando buscas de verdad la sabiduría de Dios.

Sin una norma de conducta contra la cual juzgar lo que es bueno o malo, estamos en peligro de cometer enormes errores con las decisiones más importantes de la vida. Casi todos nosotros somos muy habilidosos para justificarnos, en especial cuando queremos hacer algo a cualquier precio. Quizá el ejemplo más impresionante de esta desilusión personal me haya ocurrido con una joven pareja que decidió participar en la relación sexual antes del matrimonio. Se criaron en una iglesia de la comunidad, sin embargo, y tuvieron que lidiar con el problema de la culpa. Por lo tanto, doblaron en verdad sus rodillas, oraron respecto a lo que iban a hacer y sintieron que el Señor les aseguraba que estaba bien continuar. Y así lo hicieron, pero supieron de forma intuitiva que habían violado pasajes específicos de la Escritura.

*Permite que la Palabra guíe tus decisiones,
en lugar de que lo hagan ciertos sentimientos
que bullen durante la noche. Algunos de
esos engaños están expresados en la forma de
impresiones acerca del amor romántico.*

Permite que la Palabra guíe tus decisiones, en lugar de que lo hagan ciertos sentimientos que bullen durante la noche. La Escritura nos dice que Satanás viene a nosotros como un «ángel de luz» (2 Corintios 11:14). Eso significa que falsifica la obra del Espíritu Santo. Se ha ganado su reputación como «el padre de la mentira» (Juan 8:44). Algunos de esos engaños están expresados en la forma de impresiones acerca del amor romántico.

2. ¿Es «buena»?

Algunas cosas que deseamos hacer no están prohibidas de manera específica en las Escrituras, pero el sentido común nos dice que son malas.

Conozco a otra familia que sufrió un daño irreparable debido a la impresión de la madre para hacer algo que en verdad creo que fue un error. Aunque tenía tres niños pequeños en el hogar, sintió que tenía el «llamado» a dejarlos a fin de ir tras otra ocupación. Sin demora, dejó a sus hijos al cuidado de un padre que no estaba interesado en atenderlos. Trabajaba seis y siete días a la semana, y los hijos se quedaron defendiéndose por su cuenta.

Las consecuencias fueron devastadoras. El niño más pequeño de la familia se quedaba despierto en la noche llorando por su mami. Los hijos mayores tuvieron que asumir las responsabilidades de adultos, encargo para el cual estaban mal preparados. En el hogar no había nadie que educara, amara, guiara y desarrollara esta pequeña familia digna de compasión. No creo que la impresión de la madre fuera de Dios, debido a que ni fue bíblica ni buena. Sospecho que ella tuvo otros motivos para huir de su hogar, y los cubrió al aparecerse con una noble explicación.

Si tú amas a alguien, en especial a un esposo o una esposa, tratarás de hacer lo bueno.

3. ¿Es providencial?

En la toma de decisiones críticas, he encontrado útil observar el desarrollo de las circunstancias y los hechos que me rodean. Después de orar, les presto atención a las puertas que se abren y se cierran, o a las cosas que suceden de manera rutinaria y que están relacionadas al asunto en cuestión. Dios es capaz por completo de permitir que su voluntad la conozcan los que están observando y escuchando. Algunas veces, Él habla con palabras en susurros, pero otras veces Él nos impulsa con circunstancias influyentes. ¿Podrían confirmar que una relación entre un hombre y una mujer tiene la bendición del Señor? Creo que sí. Tendrás la respuesta por tus propios medios.

El asunto es que existen mejores maneras de examinar el significado del amor y de decidir qué hacer al respecto. La interpretación de lo que sientes quizá no sea el método más confiable. Sin tener en cuenta la manera en que lleves a cabo la toma de esta decisión tan importante, el mejor consejo que te ofrecería es que le des tiempo. Lo más probable es que se lamenten los actos impulsivos y rápidos.

UNA POSDATA PERSONAL

Durante un encuentro de fin de semana para matrimonios en 1981, le escribí una carta a mi esposa, Shirley. He aquí una parte de esa carta (menos algunas intimidades introductorias), la cual, creo, ilustra la profundidad y la intensidad del amor romántico para toda la vida.

¿Quién más conoce los recuerdos de mi juventud durante la cual se colocaron los cimientos del amor? Te pregunto: ¿Qué otra persona podría ocupar el lugar que está reservado para la única mujer que estaba *allí* cuando me gradué de la universidad, me fui al ejército, regresé como estudiante a la Universidad del Sur de California, compré mi primer automóvil decente (que muy pronto lo choqué) y escogí un anillo barato de compromiso contigo (que pagué con los bonos de ahorro), que oramos y le dimos gracias a Dios por lo que teníamos?

En ese entonces, dijimos los votos matrimoniales y mi papá oró: «Señor, tú nos diste a Jimmy y a Shirley como bebés para amarlos, apreciarlos y criarlos por una etapa, y esta noche te los traemos de vuelta después de nuestra labor de amor, no como dos individuos separados, ¡sino como una sola carne!». Todo el mundo lloró.

Después, salimos para la luna de miel, gastamos todo nuestro dinero y regresamos a nuestro apartamento lleno de arroz y con adornos de la boda encima de la cama, solo que apenas comenzábamos. Tú enseñabas en el segundo grado y yo le enseñaba (y aprendí a querer) a un montón de muchachos de sexto grado, en especial a un muchacho llamado Norbert; obtuve mi maestría y pasé los extensos exámenes para un doctorado; compramos nuestra primera casita que remodelamos, le arranqué toda la hierba, la sepulté en un hoyo de tres metros que más tarde se hundió y que parecían dos tumbas en el patio del frente; mientras esparcía la tierra para un nuevo césped, por accidente «planté» ocho millones de semillas de fresno de nuestro árbol, para descubrir al cabo de dos semanas que tenía un bosque creciendo entre nuestra casa y la calle.

Por aquel entonces, diste a luz a nuestra primera hija, que amamos como a nuestra propia vida, poniéndole por nombre Danae Ann, y a la que le hicimos un cuarto en nuestro pequeño chalé, que poco a poco llenamos de muebles. Más adelante, me uní al personal del Hospital de Niños, donde me fue muy bien, pero todavía sin tener el dinero suficiente como para pagar nuestros estudios universitarios ni para otros gastos. Por eso fue que tuvimos que vender (y comernos) nuestro auto Volkswagen. A la larga, obtuve el doctorado en filosofía y letras, y lloramos y le dimos gracias a Dios por lo que teníamos.

En 1970, llevamos a casa un niñito que le pusimos por nombre James Ryan, a quien amamos como a nuestra propia vida, pero recuerdo que no pudimos dormir como por seis meses. Trabajé duro en el manuscrito titulado *Atrévete a...* lo que sea, y me tambaleé con timidez bajo una inundación de respuestas favorables y de unas pocas no tan favorables; por esa tarea recibí un cheque de una pequeña regalía que, para nosotros, era una fortuna; también me uní a la facultad de la Escuela de Medicina de la Universidad del Sur de California y me fue muy bien allí.

Pronto me encontré caminando de un lado a otro por los pasillos del hospital *Huntington Memorial*, mientras un equipo de neurólogos con mirada sombría examinaba tu sistema nervioso en busca de evidencia de algún tumor en el hipotálamo, así que yo oraba y le suplicaba a Dios que me dejara terminar mi vida con mi mejor amiga; al final, Él me dijo: «Sí, por ahora»; y lloramos y le dimos gracias por lo que teníamos.

En esa época compramos una nueva casa y, muy pronto, se hizo pedazos; aun así, nos fuimos a esquiar a Vail, Colorado, donde te hiciste pedazos una pierna y, como es natural, llamé a tu mamá para informarle del accidente, por lo que ella me hizo pedazos a mí; también nuestro pequeño Ryan hizo pedazos a todo el pueblo de Arcadia. Así las cosas, la construcción de la casa parecía durar una eternidad, por eso cada sábado en la noche tú ibas hasta la sala destrozada y te echabas a llorar debido a lo poquito que se había avanzado. Entonces, durante la peor parte del caos, cien amigos nos dieron una fiesta sorpresa para estrenar la nueva casa, abriéndose paso por entre el lodo, los escombros, el serrín, los tazones de cereal y los pedazos de sándwiches; a la mañana siguiente, tú refunfuñabas y preguntabas: «¿En realidad sucedió esto?».

Publiqué un nuevo libro titulado *Criemos niños seguros de sí mismos* (¿qué?), y el editor nos mandó a Hawái, donde en un balcón con vista a la bahía le dimos gracias a Dios por todo lo que teníamos. El próximo libro que publiqué fue *Lo que las esposas desean*, y a la gente le encantó, así que los honores vinieron en avalancha y las solicitudes para conferencias llegaron por centenares. Después vino tu operación que fue muy arriesgada, y dije: «Señor, ¡ahora no!». Entonces, cuando el médico dijo: «¡No es cáncer!», lloramos

y le dimos gracias a Dios por lo que teníamos.

En ese tiempo empecé un programa
de radio, por lo que pedí licencia para au-
sentarme del Hospital de Niños y abrir
una pequeña oficina en Arcadia, a la cual
llamé Enfoque a la Familia, que un oyen-
te de tres años, con su media lengua, le
llamó en forma graciosa «Poke us in the
Fanny»; así que obtuvimos una mayor
notoriedad. Fue entonces que nos fuimos
a Kansas City para unas vacaciones familiares; el último día de nuestra estancia
allí, mi papá oró y dijo: «Señor, sabemos
que no siempre todo será tan maravilloso
como lo es ahora, pero te damos gracias
por el amor que disfrutamos hoy». Un
mes más tarde, sufrió un ataque al corazón; ya en diciembre le decía adiós a mi
gentil amigo, por lo que tú me rodeaste
con tus brazos y me dijiste: «¡Estoy su-
friendo contigo!», y llorando te dije: «¡Te
amo mucho!».

Por consiguiente, invitamos a mi madre para que pasara seis semanas con nosotros durante su período de recuperación,

donde los tres atravesamos la solitaria Navidad de nuestras vidas mientras que la silla vacía y el lugar que faltaba nos traía el recuerdo del suéter rojo de papá, de las fichas de dominó, de las manzanas, de la pila de libros complicados y de un perrito llamado Benji que siempre se sentaba en sus piernas.

Sin embargo, la vida continuó. Mi madre luchaba por recuperar su compostura, pero no podía lograrlo, así que perdió siete kilos de peso; luego, se mudó para California, llorando todavía a su amigo ausente. En ese entonces escribí más libros, así que llegaron más honores y nos volvimos más conocidos, por lo que nuestra influencia era cada vez mayor, y le dimos gracias a Dios por lo que teníamos.

Cuando nuestra hija llegó a la adolescencia, este gran experto en niños sabía que era incompetente, por eso le pidió a Dios que le ayudara en la imponente tarea de ser padre, y Él lo hizo; tanto, que le dimos gracias por darnos de su sabiduría. Entonces un perrito llamado Siggie, que en cierto modo era un perro salchicha, envejeció y se quedó sin dientes, por lo que tuvimos que llevarlo al veterinario para que le pusiera fin a sus sufrimientos; y el romance de quince años entre un hombre y su perro se acabó con un gemido. En su lugar, vino un cachorro llamado Mindy que se apareció en nuestra puerta, y la vida siguió su curso.

Luego, hubo una serie de películas que se produjeron en San Antonio, Texas, y nuestro mundo se trastornó de arriba abajo cuando estuvimos a la vista de todos y Enfoque a la Familia se ampliaba en nuevas direcciones, de ahí que la vida fuera más atareada, más agitada y el tiempo más precioso aún; en ese entonces, alguien nos invitó a un Encuentro Matrimonial de fin de semana donde estoy sentado en este momento.

¡Así que te pregunto! ¿Quién va a ocupar tu lugar en mi vida? Tú te has convertido en mí y yo me he convertido en ti. Somos inseparables. Ya he pasado el cuarenta y seis por ciento de mi vida contigo, ¡y casi no puedo recordar el primer cincuenta y cuatro por ciento! Ninguna de las experiencias que he anotado la podría comprender nadie que no sea la mujer que las ha sobrevivido conmigo. Esos días ya se fueron, pero su aroma perdura en nuestras mentes. Además, con cada suceso durante estos veintiún años, nuestras vidas han llegado a estar más entretejidas, fundiéndose con el tiempo en este increíble cariño que siento por ti hoy.

¿No es acaso asombroso que cuando estemos en una multitud yo sea capaz de leer tu rostro como si fuera un libro abierto? El menor parpadeo tuyo me dice mucho más acerca de los pensamientos que pasan a través de tu experiencia consciente. Mientras abres tus regalos de Navidad, al instante sé si te gusta el color o el estilo del regalo, debido a que tus sentimientos no pueden estar ocultos para mí.

Te quiero mucho, S. M. D. (¿recuerdas la blusa con el monograma?). Amo a la chica que creyó en mí antes de que yo creyera en mí mismo. Amo a la chica que nunca se quejó por las enormes cuentas de la escuela, ni por el montón de libros, ni por los apartamentos calurosos en el verano, ni por los muebles alquilados y baratos, ni por no tener vacaciones, ni por nuestro pequeño y humilde Volkswagen. Tú has estado conmigo... animándome, queriéndome y respaldándome desde el 27 de agosto de 1960. Por lo tanto, la posición que tú me has dado en nuestro hogar va más allá de lo que he merecido.

Entonces, ¿por qué quiero seguir viviendo? Porque te tengo a ti para recorrer juntos el camino. Si no fuera así, ¿para qué hacer el viaje? La mitad de la vida que se avecina promete ser más difícil que los años dejados atrás. Está en la naturaleza de las cosas que mi mamá algún día se unirá a mi padre y tendremos que llevarla a su sitio de descanso junto a él en Olathe, Kansas, con vista a una colina barrida por el viento donde él solía caminar con Benji y desde donde me grabó el casete que describía la belleza de ese lugar. Más tarde, tendremos que decirles adiós a tu mamá y a tu papá. Desaparecerán los juegos de mesa en los que participábamos, el *ping-pong*, los dardos sobre el césped, la risa de Joe, las cenas maravillosas con el jamón de Alma, sus tarjetas de cumpleaños subrayadas y la pequeña casita amarilla en Long Beach. Todo dentro de mí grita: «¡No!». Sin embargo, la oración final de mi papá todavía es válida: «Sabemos que no siempre todo será tan maravilloso como lo es ahora». Cuando llegue ese momento, terminará nuestra niñez... cortada por el fallecimiento de los amados padres que nos trajeron al mundo.

¿Y qué después, mi amada esposa? ¿A quién me volveré en busca de solaz y consuelo? ¿A quién le puedo decir: «¡Duele mucho!» y saber que se me entiende más que de una manera abstracta? ¿A quién podré acudir cuando las hojas del verano comiencen a cambiar de color y a caer al suelo? Cuánto me he deleitado con la primavera y el calor del sol en verano. Las flores, la hierba verde, el cielo azul y los arroyos claros se han disfrutado a plenitud.

No obstante, lo lamentable es que se aproxima el otoño. Ahora, puedo sentir un poco de su fresco, y trato de no mirar hacia la nube solitaria y distante que cruza cerca del horizonte. Debo encarar el hecho de que el invierno se avecina, con su hielo, su nevisca y su nieve que nos traspasará. Pero en este caso, al invierno no le seguirá la primavera, excepto en la gloria de la vida futura. ¿Con quién, entonces, pasaré esa etapa final de mi vida?

Con nadie, sino contigo, Shirley. La única alegría del futuro estará en vivir como lo hemos hecho en los últimos veintiún años, junto a la que amo... una jovencita llamada Shirley Deere, quien me dio todo lo que tenía, incluyendo su corazón.

Gracias, cariño mío, por realizar este viaje conmigo. Vamos a terminarlo... ¡juntos!

Tu Jim*

* De James Dobson, *Love Must Be Tough*, Word Books, Dallas, TX, 1986. Usado con permiso.

IDEAS DE DISCUSIÓN PARA EL APRENDIZAJE

¿Leíste este libro solo? ¿Con tu cónyuge? ¿Con tu novio o tu novia? ¿Con un grupo de estudio? Cualquiera que sea tu contexto, las siguientes preguntas, las declaraciones de acuerdo o desacuerdo, las situaciones de la vida y las ideas para el estudio de la Biblia te ayudarán a trabajar con los puntos de vista del Dr. Dobson, a medida que analiza los diez mitos comunes acerca del romance, el amor y el matrimonio. Equípate con un cuaderno, una Biblia y un lápiz o bolígrafo, y estarás preparado para trabajar con esta discusión de ideas para el aprendizaje.

PRIMER PUNTO

El «amor a primera vista» sucede entre algunas personas.

1. ¿Estás de acuerdo o no con el punto de vista del Dr. Dobson acerca de que el «amor a primera vista» es imposible tanto de manera física como emocional? ¿La clase de relación descrita en Filipenses puede existir en el «amor a primera vista»? ¿Por qué? ¿Por qué no?

Completen mi gozo sintiendo lo mismo, te-
niendo el mismo amor, unánimes, sintien-
do una misma cosa (Filipenses 2:2, RVC).

2. ¿Estás de acuerdo con el Dr. Dobson en que las canciones populares distorsionan el concepto del amor de una persona? ¿Qué me dices de las películas? ¿De la televisión? ¿De las revistas? ¿De las novelas? ¿Cómo puedes indicar la diferencia entre «enamorarse del amor» y desarrollar una genuina relación de amor con alguien? ¿Qué tiene que ver un pasaje como el siguiente con el «verdadero amor» en el matrimonio?

Por lo tanto, como escogidos de Dios, san-
tos y amados, revístanse de afecto entra-
ñable y de bondad, humildad, amabili-
dad y paciencia, de modo que se toleren
unos a otros y se perdonen si alguno tiene
queja contra otro. Así como el Señor los
perdonó, perdonen también ustedes. Por
encima de todo, vístanse de amor, que es
el vínculo perfecto. Que gobierne en sus
corazones la paz de Cristo, a la cual fue-
ron llamados en un solo cuerpo. Y sean
agradecidos (Colosenses 3:12-15).

3. ¿El egoísmo está involucrado en el «amor a primera vista»? ¿Por qué? ¿Por qué no? ¿Cómo los versículos a continuación sirven de apoyo a tus ideas acerca del amor y el egoísmo?

> *No hagan nada por egoísmo o vanidad; más bien, con humildad consideren a los demás como superiores a ustedes mismos. Cada uno debe velar no sólo por sus propios intereses sino también por los intereses de los demás (Filipenses 2:3-4).*

4. Vuelve a leer los últimos dos párrafos en el análisis del Dr. Dobson acerca del «amor a primera vista» en las páginas 29-30. Anota algunas razones por las que la palabra «tiempo» y «madurez» son importantes para el verdadero amor. Lee el siguiente pasaje de la Escritura, así como en otras versiones también, y anota las palabras y las frases que sientas que están relacionadas a la idea de dedicarle tiempo a madurar en el amor.

> *El amor es paciente, es bondadoso. El amor no es envidioso ni jactancioso ni orgulloso. No se comporta con rudeza, no es*

egoísta, no se enoja fácilmente, no guarda rencor. El amor no se deleita en la maldad sino que se regocija con la verdad. Todo lo disculpa, todo lo cree, todo lo espera, todo lo soporta (1 Corintios 13:4-7).

SEGUNDO PUNTO

Es fácil distinguir el amor verdadero del enamoramiento.

1. ¿Estás de acuerdo o en desacuerdo con el Dr. Dobson en que «la euforia del enamoramiento *nunca* es una condición permanente» (páginas 31-33)? ¿Alguna relación es inmune a los altibajos de la vida? ¿Alguna situación es permanente? ¿Puede alguien decir con sinceridad: «No voy a cambiar»? Lee los siguientes pasajes de la Escritura y considera cómo documentan tus respuestas.

   Yo, el Señor, no cambio. Por eso ustedes, descendientes de Jacob, no han sido exterminados (Malaquías 3:6).

Jesucristo es el mismo ayer y hoy y por los siglos (Hebreos 13:8).

2. ¿Cómo la inmutabilidad de Dios puede fortalecer y darle estabilidad a una relación humana?

Pero los planes del Señor quedan firmes para siempre; los designios de su mente son eternos (Salmo 33:11).

3. ¿Las siguientes declaraciones del Dr. Dobson te afectan como (1) poco romántico, (2) confuso, (3) falso o (4) una base sólida para el matrimonio? «La estabilidad [en el matrimonio] viene de esta irreprensible determinación de crear un matrimonio exitoso y de mantener la llama ardiendo *sin importar las circunstancias*» (página 33). Explica tu respuesta. ¿Cómo se comparan los siguientes versículos con esa declaración?

Que el Dios que infunde aliento y perseverancia les conceda vivir juntos en armonía, conforme al ejemplo de Cristo Jesús (Romanos 15:5).

> *Por lo tanto, anímense y edifíquense unos a otros, como en efecto ya lo hacen (1 Tesalonicenses 5:11, RVC).*

4. Según el Dr. Dobson, ¿cuál es el ingrediente necesario que se debe añadir antes de que tú puedas determinar en realidad si una persona está experimentando el enamoramiento o el genuino amor? Proverbios 19:2 habla acerca de la sabiduría de dedicar tiempo para pensar en algún paso importante cuando dice: «El afán sin conocimiento no vale nada; mucho yerra quien mucho corre». ¿Cómo se aplica esto a la evaluación del enamoramiento y del verdadero amor? ¿Cuáles son las incógnitas?

TERCER PUNTO

Las personas que se aman de verdad no pelean ni discuten.

1. «Algunos conflictos conyugales son tan inevitables como la salida del sol», dice el Dr. Dobson (página 37). ¿Cuál es la clave para mantener el combate en la zona saludable? Lee los comentarios del Dr. Dobson acerca de manejar bien el conflicto. Para ideas adicionales, lee los versículos a continuación:

> *La respuesta amable calma el enojo, pero*
> *la agresiva echa leña al fuego [...] El que es*
> *iracundo provoca contiendas; el que es pa-*
> *ciente las apacigua (Proverbios 15:1, 18).*

> *Iniciar una pelea es romper una represa;*
> *vale más retirarse que comenzarla (Pro-*
> *verbios 17:14).*

> *«Si se enojan, no pequen». No dejen que*
> *el sol se ponga estando aún enojados, ni*
> *den cabida al diablo (Efesios 4:26-27).*

2. ¿Verdadero o falso? ¿Puede una pareja casada
   discutir y todavía obedecer las enseñanzas de
   la Biblia en Efesios 4:31?

   > *Abandonen toda amargura, ira y enojo,*
   > *gritos y calumnias, y toda forma de ma-*
   > *licia (Efesios 4:31).*

3. Analiza la diferencia entre estar enojado con
   tu cónyuge y estar enojado o herido por el
   asunto o el problema. ¿Es siempre posible
   mantener los dos separados? ¿Qué orienta-
   ciones puedes encontrar en los siguientes ver-

sículos de la Escritura? Lee los versículos en tantas versiones como te sea posible y anota las tres ideas clave.

Si siguen mordiéndose y devorándose, tengan cuidado, no sea que acaben por destruirse unos a otros (Gálatas 5:15).

Sobre todo, ámense los unos a los otros profundamente, porque el amor cubre multitud de pecados (1 Pedro 4:8).

Por eso, confiésense unos a otros sus pecados, y oren unos por otros, para que sean sanados. La oración del justo es poderosa y eficaz (Santiago 5:16).

4. Si estás en un grupo de estudio, pídele a algunos voluntarios que dramaticen una discusión que demuestre el principio: «El conflicto saludable [...] permanece enfocado en el asunto alrededor del cual comenzó el desacuerdo» (página 38). Para cada dramatización, escojan de los tres siguientes asuntos:

«Yo estoy preocupado debido a todas esas facturas».

«Yo me enojo cuando no sé que vas a llegar tarde para cenar».

«Yo estaba avergonzado por lo que dijiste anoche en la fiesta, me sentí ridículo».

Después de cada una de las discusiones dramatizadas, tomen unos minutos para que el grupo entero evalúe: ¿La discusión permanece en el asunto o se convierte en personal?

CUARTO PUNTO

Dios selecciona a *una* persona en particular para que nos casemos y Él nos guiará para que nos juntemos.

1. ¿Cómo Dios ofrece ayuda para la elección de un cónyuge? Antes que decidas tu respuesta, lee los siguientes pasajes de la Escritura. ¿La ayuda descrita en estos versículos es general o específica?

   Clama a mí y te responderé, y te daré a conocer cosas grandes y ocultas que tú no sabes (Jeremías 33:3).

¡Refúgiense en el SEÑOR y en su fuerza, busquen siempre su presencia! (1 Crónicas 16:11).

No se inquieten por nada; más bien, en toda ocasión, con oración y ruego, presenten sus peticiones a Dios y denle gracias (Filipenses 4:6).

Si a alguno de ustedes le falta sabiduría, pídasela a Dios, y él se la dará, pues Dios da a todos generosamente sin menospreciar a nadie. Pero que pida con fe, sin dudar, porque quien duda es como las olas del mar, agitadas y llevadas de un lado a otro por el viento. Quien es así no piense que va a recibir cosa alguna del Señor; es indeciso e inconstante en todo lo que hace (Santiago 1:5-8).

2. ¿Qué revela la Biblia acerca de la voluntad de Dios para la elección del cristiano de un cónyuge?

   No formen yunta con los incrédulos. ¿Qué tienen en común la justicia y la maldad?

> *¿O qué comunión puede tener la luz*
> *con la oscuridad? (2 Corintios 6:14).*

3. En tu opinión, ¿qué es más importante: que
    una pareja futura sea cristiana o que sea ma-
    dura, amable, paciente y cosas así por el esti-
    lo? Explica tu respuesta.

4. El Dr. Dobson dice: «A cualquiera que crea
    que Dios le garantiza un matrimonio exito-
    so a cada cristiano, se le avecina un impacto»
    (página 40). ¿Qué crees que quiso decir con
    esta declaración? ¿Estás de acuerdo o no estás
    de acuerdo?

QUINTO PUNTO

**Si un hombre y una mujer se aman el uno al
otro de una manera genuina, las dificultades y
los problemas tendrán poco, o ningún, efecto
en su relación.**

1. ¿Estás de acuerdo o en desacuerdo con la
    creencia del Dr. Dobson en que el impacto
    emocional del problema puede ser devasta-
    dor incluso en un matrimonio estable y amo-
    roso? Da evidencia de la vida real (la cual has
    observado) para apoyar tu punto de vista.

2. ¿Qué recursos tienen las parejas cristianas para ayudarlas a enfrentar y resolver los problemas? ¿Cuáles de los siguientes pasajes de la Biblia te darían más aliento durante los tiempos de dificultades? ¿Por qué?

> *Ya te lo he ordenado: ¡Sé fuerte y valiente! ¡No tengas miedo ni te desanimes! Porque el Señor tu Dios te acompañará dondequiera que vayas (Josué 1:9).*

> *Tuya es, Señor, la salvación; ¡envía tu bendición sobre tu pueblo! (Salmo 3:8).*

> *Por eso, de la manera que recibieron a Cristo Jesús como Señor, vivan ahora en él, arraigados y edificados en él, confirmados en la fe como se les enseñó, y llenos de gratitud (Colosenses 2:6-7).*

> *Practiquen el dominio propio y manténganse alerta. Su enemigo el diablo ronda como león rugiente, buscando a quién devorar. Resístanlo, manteniéndose firmes en la fe, sabiendo que sus hermanos en todo el mundo están soportando la*

misma clase de sufrimientos. Y después de que ustedes hayan sufrido un poco de tiempo, Dios mismo, el Dios de toda gracia que los llamó a su gloria eterna en Cristo, los restaurará y los hará fuertes, firmes y estables. A él sea el poder por los siglos de los siglos. Amén (1 Pedro 5:8-11).

3. El Dr. Dobson habla de una «brecha» (página 42) que puede abrir el problema entre los afligidos esposo y esposa (madre y padre). Identifica al menos tres principios dados en los siguientes pasajes de la Escritura que pueden ayudar a los cónyuges a ponerse en contacto el uno con el otro en tiempos de dificultades y evitar la «brecha de aislamiento».

    Queridos hijos, no amemos de palabra ni de labios para afuera, sino con hechos y de verdad (1 Juan 3:18).

    Queridos hermanos, amémonos los unos a los otros, porque el amor viene de Dios, y todo el que ama ha nacido de él y lo conoce (1 Juan 4:7).

Por eso, anímense y edifíquense unos a otros, tal como lo vienen haciendo (1 Tesalonicenses 5:11).

Cada uno debe velar no sólo por sus propios intereses sino también por los intereses de los demás (Filipenses 2:4).

4. Haz una lista con las formas de proteger el amor del dolor y del trauma del problema. De los siguientes versículos de la Escritura, escoge las maneras de proteger y fortalecer el amor, aun cuando las cosas sean duras:

Ayúdense unos a otros a llevar sus cargas, y así cumplirán la ley de Cristo (Gálatas 6:2).

Alégrense con los que están alegres; lloren con los que lloran (Romanos 12:15).

En fin, vivan en armonía los unos con los otros; compartan penas y alegrías, practiquen el amor fraternal, sean compasivos y humildes. No devuelvan mal por mal ni insulto por insulto; más bien,

bendigan, porque para esto fueron llamados, para heredar una bendición
(1 Pedro 3:8-9).

¿En cuáles de estos aspectos necesitas trabajar en
tu matrimonio? ¿Cuáles requerirán más cambio
en ti?

SEXTO PUNTO

**Es mejor casarse con la persona equivocada
que permanecer soltero y solo
a través de toda la vida.**

1. El Dr. Dobson dice: «Es [casi siempre] menos
   dolorosa la búsqueda de un fin de la soledad
   a estar envuelto en el torbellino emocional de
   un matrimonio malo» (página 43). ¿Estás de
   acuerdo o no estás de acuerdo? ¿Por qué?

2. ¿Las declaraciones hechas en los siguientes
   versículos están a favor de la soledad o de
   casarse con la «persona equivocada»? Explica
   tu respuesta.

   *Más vale comer verduras sazonadas con
   amor que un festín de carne sazonada
   con odio (Proverbios 15:17).*

> *Más vale comer pan duro donde hay concordia que hacer banquete donde hay discordia (Proverbios 17:1).*

> *Más vale una mano llena de descanso que dos puños llenos de trabajo y correr tras el viento (Eclesiastés 4:6, LBLA).*

3. Haz una lista con cinco sugerencias constructivas de las maneras en que un hombre puede luchar contra la soledad. Además, anota cinco maneras específicas en las que una mujer sola puede llenar su vida con actividades significativas. Clasifica tus ideas bajo títulos tales como «enriquecimiento personal», «preocupación por los demás», «descubrimiento de cosas nuevas», «crecimiento espiritual».

1. En 1 Corintios 7:8-9, el apóstol Pablo anima a los cristianos a que, si es posible, se queden solteros: «A los solteros y a las viudas les digo que sería mejor que se quedaran como yo. Pero si no pueden dominarse, que se casen, porque es preferible casarse que quemarse de pasión». ¿Cuáles son algunas de las ventajas espirituales que disfrutan las personas solteras?

SÉPTIMO PUNTO

No es perjudicial ni malo tener relaciones sexuales antes del matrimonio si la pareja tiene una relación significativa.

1. Analicen las maneras específicas en las que la industria del entretenimiento y otros medios comunican el punto de vista de que las relaciones sexuales antes del matrimonio son aceptables entre dos personas cualesquiera por mutuo consentimiento.

2. El Dr. Dobson cita estudios antropológicos que muestran cómo todas las civilizaciones que se desplazan desde un código estricto para la conducta sexual hacia la «libertad sexual» sin restricción alguna terminan en desastre. ¿Cómo puede una sociedad exigir el cumplimiento de un código de conducta sexual y aun así mantener la libertad del individuo?

3. El Dr. Dobson escribe: «Cuando una nación está compuesta de millones de unidades familiares consagradas y responsables, la sociedad entera es estable, responsable y fuerte»

(página 52). ¿Estás de acuerdo o no estás de acuerdo? ¿Cómo nuestra sociedad coteja esto?

4. Ten en cuenta que la «fornicación» se define como una relación sexual por parte de personas solteras. Entonces, usando las siguientes referencias de la Biblia como recursos, explica el punto de vista bíblico de la relación sexual antes del matrimonio.

Porque de adentro, del corazón humano, salen los malos pensamientos, la inmoralidad sexual, los robos, los homicidios, los adulterios (Marcos 7:21).

El cuerpo no es para la inmoralidad sexual sino para el Señor, y el Señor para el cuerpo. Con su poder Dios resucitó al Señor, y nos resucitará también a nosotros. ¿No saben que sus cuerpos son miembros de Cristo mismo? ¿Tomaré acaso los miembros de Cristo para unirlos con una prostituta? ¡Jamás! ¿No saben que el que se une a una prostituta se hace un solo cuerpo con ella? Pues la Escritura dice: «Los dos llegarán a ser un solo cuerpo».

Pero el que se une al Señor se hace uno con él en espíritu. Huyan de la inmoralidad sexual. Todos los demás pecados que una persona comete quedan fuera de su cuerpo; pero el que comete inmoralidades sexuales peca contra su propio cuerpo. ¿Acaso no saben que su cuerpo es templo del Espíritu Santo, quien está en ustedes y al que han recibido de parte de Dios? Ustedes no son sus propios dueños; fueron comprados por un precio. Por tanto, honren con su cuerpo a Dios (1 Corintios 6:13-20).

Cuando ustedes siguen los deseos de la naturaleza pecaminosa, los resultados son más que claros: inmoralidad sexual, impureza, pasiones sensuales, idolatría, hechicería, hostilidad, peleas, celos, arrebatos de furia, ambición egoísta, discordias, divisiones, envidia, borracheras, fiestas desenfrenadas y otros pecados parecidos. Permítanme repetirles lo que les dije antes: cualquiera que lleve esa clase de vida no heredará el reino de Dios (Gálatas 5:19-21).

Pero todo lo que la luz pone al descubierto se hace visible (Efesios 5:13).

OCTAVO PUNTO

Si una pareja se ama de verdad, esa condición es permanente, dura toda la vida.

1. El Dr. Dobson declara: «El amor, incluso el amor genuino, es una cosa frágil [...] Una relación matrimonial debe mantenerse y protegerse si se quiere que sobreviva» (página 55). Si estás casado, identifica y haz una lista de tres a cinco cosas que hayas experimentado en tu matrimonio que ponen una tensión en tus sentimientos amorosos. Anota de tres a cinco experiencias que, sin duda alguna, fortalecieron tu amor hacia tu cónyuge. (Si estás comprometido, o tienes una relación de noviazgo estable, hablen juntos acerca de esto e identifiquen los problemas que pudieran crear tensiones en una relación de amor dentro del matrimonio).

2. Lee 1 Corintios 13:4-7 en tantas versiones como te sea posible. De este pasaje de la Biblia, escribe una prescripción para fortalecer el amor.

3. De una forma rápida, haz un repaso de tus actividades de los últimos días. Basado en lo que hiciste, decide dónde situarías tu matrimonio en tu escala de valores. ¿Obtiene las migajas y las sobras de tu apretada agenda o estás tratando tu matrimonio como algo de gran valor? Haz una lista de cosas por hacer para los tres días siguientes. Ten en cuenta tu carga de trabajo, las demandas de tu familia, etc. ¿Tu lista de cosas por hacer incluye tiempos con tu cónyuge? ¿Le darás a esos tiempos la prioridad número uno? ¿Por qué? ¿Por qué no?

NOVENO PUNTO

Es mejor un noviazgo corto
(seis meses o menos).

1. Para pensar en la validez de esta afirmación, usa las preguntas, las declaraciones y las ideas de discusión para la siguiente afirmación: «Es fácil distinguir el amor verdadero del enamoramiento».

2. El Dr. Dobson cree que seis meses es un tiempo demasiado corto para un noviazgo. En tu opinión, ¿cuánto debería durar el noviazgo?

¿Cuánto duró el tuyo? ¿Podrían haber usado más tiempo para descubrir más el uno acerca del otro?

3. ¿Es posible que un noviazgo sea *demasiado largo*? ¿Por qué?

4. Si estás casado, ¿qué aprendiste acerca de la personalidad y el carácter de tu pareja después que llegaron a ser marido y mujer?

<u>DÉCIMO PUNTO</u>

Los adolescentes son más capaces de un amor genuino de lo que son las personas mayores.

1. El amor genuino exige la atención de la otra persona, el compromiso con la otra persona, la entrega de uno mismo de manera desinteresada. ¿Por qué estas exigencias pueden ser difíciles de cumplir para los adolescentes?

2. Compara la nota por el aniversario del Dr. Dobson para su esposa (páginas 62-64) con Efesios 5:28-33. ¿Qué tiene que decir el pasaje de Efesios acerca de estar comprometidos

el uno con el otro? Cuando tú estás comprometido con otra persona, ¿cómo te sientes?
¿Qué dices y haces?

> *Así también los esposos deben amar a sus
> esposas como a su propio cuerpo. El que
> ama a su esposa, se ama a sí mismo. Na-
> die ha odiado jamás a su propio cuerpo,
> sino que lo sustenta y lo cuida, como lo
> hace Cristo con la iglesia, porque somos
> miembros de su cuerpo, de su carne y de
> sus huesos. Por eso el hombre dejará a su
> padre y a su madre, y se unirá a su mujer,
> y los dos serán un solo ser. Grande es este
> misterio; pero yo digo esto respecto de Cris-
> to y de la iglesia. Por lo demás, cada uno
> de ustedes ame también a su esposa como
> a sí mismo; y ustedes, las esposas, honren a
> sus esposos (Efesios 5:28-33, RVC).*

3. Lee Génesis 2:24: «Por tanto el hombre dejará
   a su padre y a su madre y se unirá a su mujer,
   y serán una sola carne» (LBLA). ¿Qué significa
   ser «una sola carne»? Haz una lista de maneras
   específicas en las que tú y tu cónyuge son una
   sola carne.

ACERCA DEL AUTOR

James Dobson es el fundador y presidente de *Family Talk*, una organización sin fines de lucro que produce su programa radial: *Family Talk with Dr. James Dobson*. Es el autor de más de treinta éxitos de librería dedicados a la preservación de la familia, incluyendo *Atrévete a disciplinar*, *Amor para toda la vida*, *Cómo criar a un niño de voluntad firme*, *Cuando lo que Dios hace no tiene sentido*, *Luz en la noche para parejas*, *Luz en la noche para padres*, *Cómo criar a los varones* y, el más reciente, *Cómo criar a las hijas*.

El Dr. Dobson se desempeñó como profesor clínico asociado de pediatría en la Escuela de Medicina de la Universidad del Sur de California durante catorce años y como asociado del personal del Hospital de Niños de Los Ángeles durante diecisiete años. Ha estado activo en cuestiones gubernamentales y ha aconsejado a tres presidentes de Estados Unidos en asuntos sobre la familia. Obtuvo su doctorado en la Universidad del Sur de California (1967) en el campo del desarrollo del niño. Posee diecisiete doctorados honoris causa y en el año 2008 ingresó al Salón de la Fama de la Radio Nacional.

El doctor Dobson está casado con Shirley, y tienen dos hijos adultos, Danae y Ryan, y un nieto. Los Dobson residen en Colorado Springs, Colorado.

NOTAS

Notas

Notas